Todos los libros de Linkgua Ediciones cuentan con modelos de Inteligencia Artificial entrenados por hispanistas. Pregúntale al chat de tu libro lo que desees acerca de la obra o su autor/a.

Para **ebooks**: Accede a nuestro modelo de IA a través de este enlace.

Para **libros impresos**: Escanea el código QR de la portada con tu dispositivo móvil.

Obtén análisis detallados de nuestros libros, resúmenes, respuestas a tus preguntas y accede a nuestras ediciones críticas generativas para una experiencia de lectura más enriquecedora.
La transparencia y el respeto hacia la autoría de las fuentes utilizadas son distintivos básicos de nuestro proyecto. Por ello, las respuestas ofrecen, mediante un sistema de citas, las fuentes con las que han sido elaboradas.

Autores varios

Constitución para la Confederación Granadina de 1858

Barcelona 2024
Linkgua-ediciones.com

Créditos

Título original: Constitución para la Confederación Granadina de 1858.

© 2024, Red ediciones S.L.

e-mail: info@linkgua.com

Diseño de cubierta: Michel Mallard.

ISBN rústica: 978-84-9953-760-3.
ISBN ebook: 978-84-9897-359-4.

Sumario

Constitución para la Confederación Granadina de 1858

(22 de mayo de 1858)

CONSTITUCIÓN POLÍTICA PARA LA CONFEDERACIÓN GRANADINA.

El Senado y la Cámara de Representantes de la Nueva Granada reunidos en Congreso:

En uso de la facultad que concede al Congreso el Acto Legislativo de 10 de febrero de 1858, reformando y adicionando el **Artículo** 57 de la Constitución; y,

CONSIDERANDO:

Que en consecuencia de las variaciones hechas en la organización política de la Nueva Granada por los actos legislativos que han constituido en ella ocho Estados federales, son necesarias disposiciones constitucionales que determinen con precisión y claridad las atribuciones del Gobierno general y establezcan los vínculos de unión que deben ligar a los Estados;

BAJO LA PROTECCIÓN DE DIOS OMNIPOTENTE, AUTOR Y SUPREMO LEGISLADOR DEL UNIVERSO,

Han venido en acordar y decretar la siguiente: Constitución Política para la Confederación Granadina.

Capítulo I. De la Nación y de los individuos que la componen

Artículo 1. Los Estados de Antioquía, Bolívar, Boyacá, Cauca, Cundinamarca, Magdalena, Panamá y Santander, se confederan a perpetuidad, forman una Nación soberana, libre e independiente, bajo la denominación de «Confederación

Granadina», y se someten a las decisiones del Gobierno general, en los términos que se establecen en esta Constitución.

Artículo 2. Los límites del territorio de la Confederación Granadina son los mismos que en el año de 1810 dividían el territorio del Virreinato de Nueva Granada del de las Capitanías generales de Venezuela y Guatemala, y del de las posesiones portuguesas del Brasil, por la parte meridional son provisionalmente, los designados en el Tratado celebrado con el Gobierno del Ecuador en 9 de julio de 1856, y los demás que la separan hoy de aquella República.

Artículo 3. Son granadinos:

1. Todos los nacidos o que nazcan en el territorio de la Confederación;

2. Los que nazcan en territorio extranjero de padres granadinos;

3. Los que obtengan carta de naturalización; y,

4. Los que no estando comprendidos en los incisos anteriores, tengan las cualidades de granadinos, según la Constitución de 1853.

Artículo 4. Se consideran como granadinos de nacimiento:

1. Los nacidos o que nazcan en el territorio de la Confederación, y los hijos de granadinos nacidos o que nazcan en territorio extranjero; y,

2. Los colombianos que habiendo prestado sus servicios al Gobierno nacional, llevan hoy el título de granadinos.

Artículo 5. Son ciudadanos hábiles para elegir o ser elegidos para los puestos públicos de la Confederación, conforme a esta Constitución, los varones granadinos mayores de veintiún años, y los que no teniendo esta edad sean o hayan sido casados.

Parágrafo. La ciudadanía no se suspende sino por haber sido condenado en causa criminal, o por enajenación mental.

Capítulo II. De los bienes y cargas de la Confederación

Artículo 6. Son bienes de la Confederación:

1. Todos los muebles e inmuebles que hoy pertenecen a la República;

2. Las tierras baldías no cedidas y las adjudicadas, cuya adjudicación caduque;

3. Las vertientes saladas que hoy pertenecen a la República;

4. Las minas de esmeraldas y de sal gemma, estén o no en tierras baldías;

5. Todos los créditos activos reconocidos a favor de la República, o que se reconozcan a favor de la Confederación;

6. Los derechos que se reservó la República en el Ferrocarril de Panamá;

7. Son de cargo de la Confederación:

a) Las deudas interior y exterior que hoy reconoce la República, o que reconozca la Confederación;

b) Las pensiones legalmente concedidas por la Nación;

c) Y todos los gastos para el Gobierno de la Confederación.

Capítulo III. Facultades y deberes de los Estados

Artículo 8. Todos los objetos que no sean atribuidos por esta Constitución a los poderes de la Confederación, son de la competencia de los Estados.

Artículo 9. El Gobierno de los Estados será popular, representativo, alternativo, electivo y responsable.

Artículo 10. Las autoridades de cada uno de los Estados tienen el deber de cumplir y hacer que se cumplan y ejecuten en él la Constitución y las leyes de la Confederación, los decretos y órdenes del Presidente de ella, y los mandamientos de los Tribunales y Juzgados nacionales.

Parágrafo. En cada uno de los Estados se dará entera fe y crédito a los registros, actos, sentencias y procedimientos judiciales de los otros Estados.

Artículo 11. Es prohibido al Gobierno de los Estados:

1. Enajenar a Potencias extranjeras parte alguna de su territorio, ni celebrar con ellas tratados ni convenios;

2. Permitir o autorizar la esclavitud;

3. Intervenir en asuntos religiosos;

4. Impedir el comercio de armas y municiones;

5. Imponer contribuciones sobre el comercio exterior, sea de importación o exportación;

6. Legislar, durante el término de la concesión, sobre los objetos a que se refieran los privilegios o derechos exclusivos concedidos a compañías o particulares por el Gobierno de la Confederación, de una manera contraria a los términos en que hayan sido concedidos;

7. Imponer deberes a las corporaciones o funcionarios públicos nacionales;

8. Usar otro pabellón ni otro escudo de armas que los nacionales;

9. Imponer contribuciones sobre los objetos que deban consumirse en otro Estado;

10. Gravar con impuestos los efectos y propiedades de la Confederación;

11. Sujetar a los vecinos de otro Estado o a sus propiedades a otros gravámenes que los que pesen sobre los vecinos y propiedades del mismo Estado; e,

12. Imponer, ni cobrar derechos o contribuciones sobre productos o efectos que estén gravados con derechos nacionales, o monopolizados por el Gobierno de la Confederación, a no ser que se den al consumo.

Artículo 12. Es obligatorio para las autoridades de cada Estado entregar a las de aquél en que se haya cometido un delito, la persona o personas que se reclamen y contra las cuales se haya librado orden de prisión. Lo es asimismo auxiliar, los despachos o exhortos dirigidos por la autoridad de otro Estado.

Artículo 13. Los funcionarios nacionales estarán exentos de todo servicio forzoso y de toda contribución personal que establezcan las leyes de los Estados.

Las propiedades o la renta procedentes de su industria, podrán ser gravadas por dichas leyes en la misma proporción que las propiedades o las rentas de los demás ciudadanos; pero no podrán exigírseles contribución por razón del sueldo que perciban del Tesoro de la Confederación.

Tampoco podrán ser reducidos a prisión por motivo criminal, sin que previamente hayan sido suspendidos de sus destinos conforme a las leyes.

Capítulo IV. Del Gobierno de la Confederación

Artículo 14. El Gobierno general de la Confederación Granadina será ejercido por un Congreso que da las leyes, por un Presidente que las ejecuta, y por un Cuerpo Judicial que aplica sus disposiciones a los casos particulares.

Sección I. Negocios de la competencia del Gobierno general

Artículo 15. Son de la competencia exclusiva del Gobierno general los objetos siguientes:

1. La organización y reforma del Gobierno de la Confederación;

2. Las relaciones de la Confederación con las demás Naciones;

3. La defensa exterior de la Confederación, con el derecho de declarar y dirigir la guerra y hacer la paz;

4. El orden y la tranquilidad interior de la Confederación cuando hayan sido alterados entre dos o más Estados, o cuando en uno se perturben por desobediencia a esta Constitución y a las leyes o autoridades nacionales;

5. La organización, dirección y sostenimiento de la fuerza pública al servicio de la Confederación;

6. El Crédito público de la Confederación;

7. La creación, organización, administración y aplicación de las rentas de la Confederación;

8. La creación de nuevos Estados, que no podrá decretarse sino a petición de las Legislaturas de los Estados de quienes se desmiembren; debiendo quedar cada uno de los Estados creados o desmembrados con una población que no baje de ciento cincuenta mil habitantes;

9. La admisión de nuevos Estados, cuando pueblos independientes quieran unirse a la Confederación, lo que se verificará a virtud de un tratado;

10. El restablecimiento de la paz entre los Estados;

11. La decisión de las cuestiones y diferencias que ocurran entre los Estados;

12. La determinación de la ley, tipo, peso, forma y denominación de la moneda; y el arreglo de los pesos, pesas y medidas oficiales;

13. Todo lo concerniente a la legislación marítima y a la del comercio exterior y costanero;

14. El mantenimiento de la libertad del comercio entre los Estados;

15. El gobierno y la administración de las fortalezas, puertos marítimos, fluviales y secos en las fronteras; y la de los arsenales, diques, y demás establecimientos públicos y bienes pertenecientes a la Confederación;

16. La legislación civil y penal respecto de las materias que conforme a este **Artículo** son de la competencia del Gobierno de la Confederación;

17. El censo general de la población, para los efectos del servicio de la Confederación;

18. La fijación de los límites que deben tener los Estados conforme a los actos legislativos que los crearon, siempre que se susciten dudas, o controversias sobre dichos límites;

19. Las vías interoceánicas que existan o se abran por el territorio de la Confederación;

20 La demarcación territorial de primer orden, relativa a límites del territorio nacional con los territorios extranjeros;

21. La naturalización de extranjeros;

22. La navegación de los ríos que bañen el territorio de más de un Estado o que pasen del territorio de la Confederación al de alguna Nación limítrofe;

23. La designación del pabellón y escudo de armas de la Confederación.

Sección II. Negocios comunes al Gobierno de la Confederación y al de los Estados

Artículo 16. Son de la competencia, aunque no exclusiva del Gobierno de la Confederación, los objetos siguientes:
1. El fomento de la instrucción pública;
2. El servicio de correo; y,
3. La concesión de privilegios exclusivos, o de auxilios para la apertura, mejora y conservación de las vías de comunicación, tanto terrestres como fluviales.

Sección III. Poder Legislativo

Artículo 17. El Poder Legislativo será ejercido por un Congreso dividido en dos Cámaras, denominadas Senado y Cámara de Representantes.

Artículo 18. El Congreso se reunirá ordinariamente cada año el día 1.º de febrero en la capital de la Confederación.

Podrá reunirse también en otro lugar, o trasladar a él temporalmente sus sesiones, cuando algún grave motivo lo exija.

Las sesiones ordinarias durarán hasta sesenta días.

Artículo 19. El Congreso se reunirá extraordinariamente por acuerdo de ambas Cámaras, o por convocatoria del Poder Ejecutivo.

Artículo 20. El Senado se compondrá de tantos Senadores cuantos correspondan a razón de tres por cada Estado.

Artículo 21. La Cámara de Representantes se compondrá de los que elijan los Estados, a razón de un Representante por cada sesenta mil habitantes, y uno más por un residuo que pase de veinticinco mil.

Artículo 22. Para que el Congreso pueda abrir y continuar sus sesiones, se necesita en cada Cámara la concurrencia de la mayoría absoluta de los miembros que le correspondan. Una de las Cámaras no podrá abrir sus sesiones en distinto día que la otra, ni continuarlas estando la otra en receso. Se necesita el consentimiento mutuo de las dos Cámaras para trasladar temporalmente sus sesiones a otro lugar y para suspenderlas por más de dos días.

Artículo 23. Los Senadores y Representantes gozan de inmunidad en sus personas y propiedades, durante el tiempo de las sesiones; y mientras van de sus casas y vuelven a ellas no pueden ser llamados a juicio civil ni criminal.

La ley fijará el tiempo prudencial que deben emplear en tales viajes.

Artículo 24. En las discusiones de cada Cámara pueden tomar parte con voz, pero sin voto, los Secretarios de Estado del Despacho del Poder Ejecutivo y el Procurador general. A ninguna persona que concurra como espectador le es permitido tomar la palabra, ni hacer manifestaciones de aprobación o improbación de las ideas que se emitan en las discusiones.

Cualquiera que contravenga a esta disposición será expelido del edificio en que se celebren las sesiones.

Artículo 25. Cada Cámara tiene la facultad privativa de crear los empleados que juzgue necesarios para la dirección y desempeño de sus trabajos y para la policía interior del edificio de sus sesiones, y de darse los reglamentos para el orden de sus deliberaciones. En estos reglamentos puede establecer las penas correccionales con que deba castigarse a sus propios miembros, por las faltas en que incurran, y a cualesquiera individuos por los atentados que cometan contra la Cámara o contra la inmunidad de sus miembros.

Artículo 26. Los Senadores y Representantes son irresponsables por los votos que den y por las ideas y opiniones que emitan en sus discursos. Ninguna autoridad puede, en ningún tiempo, hacerles cargo alguno por dichos votos y opiniones, con ningún motivo ni pretexto. Esta irresponsabilidad es extensiva, por las ideas y opiniones que emitan en la discusión, a los funcionarios que conforme al **Artículo 24** pueden tomar parte en ella.

Artículo 27. Los Senadores y Representantes no pueden aceptar destino de libre nombramiento del Presidente de la Confederación, con excepción de las Secretarías de Estado, empleos diplomáticos y mandos militares en tiempo de guerra.

La admisión de estos empleos deja vacante el puesto en la respectiva Cámara.

Artículo 28. Los Senadores o Representantes no pueden, mientras conservan el carácter de tales, hacer por sí o por interpuesta persona ninguna clase de contratos con el Gobierno general.

Tampoco podrán admitir de ningún Gobierno, compañía o individuo extranjero, poder para gestionar negocios que tengan relación con el Gobierno de la Confederación.

Artículo 29. Son atribuciones exclusivas del Congreso:

1. Apropiar las cantidades que del Tesoro de la Confederación hayan de extraerse para los gastos que son de cargo de la misma Confederación;

2. Decretar la enajenación de los bienes de la Confederación, y su aplicación a usos públicos;

3. Resolver sobre los tratados y convenios públicos que el Presidente de la Confederación celebre con otras naciones, y

sobre los contratos que haga con los Estados o con los particulares, bien sean nacionales o extranjeros, que deba someter a su consideración;

4. Establecer las contribuciones e impuestos necesarios para atender a los gastos del servicio de la Confederación;

5. Examinar y fenecer definitivamente la cuenta general de la Confederación;

6. Fijar anualmente la fuerza pública de mar y tierra que se necesite para el servicio de la Confederación;

7. Permitir el tránsito de tropas extranjeras por el territorio de la Confederación;

8. Autorizar al Presidente de la Confederación para declarar la guerra a otra Nación;

9. Conceder amnistías e indultos generales por delitos políticos que afecten el orden general de la Confederación;

10. Conceder privilegios y auxilios para la navegación por vapor, en aquellos ríos que sirvan de canal para el comercio de más de un Estado; y para construir caminos de hierro, carreteros, o de herradura que pongan en comunicación el interior de uno o más Estados con los ríos navegables, puertos de mar, o con las Naciones limítrofes; sin que esta facultad prive a los Estados de poderlo hacer según sus leyes, y disponer que tales caminos pasen por tierras baldías de la Confederación;

11. Establecer los Tribunales y Juzgados, y los demás funcionarios precisos para el servicio de la Confederación;

12. Designar la capital de la Confederación;

13. Hacer el escrutinio de las elecciones de los funcionarios generales de la Confederación y comunicar el resultado a los que sean elegidos; y,

14. Finalmente, legislar sobre todas las materias que son de competencia del Gobierno general.

Artículo 30. El Congreso no puede delegar las atribuciones expresadas en el **Artículo** anterior.

Artículo 31. Cada Cámara es competente para oír y decidir las reclamaciones que se hagan sobre la elección de sus miembros.

Artículo 32. El Presidente del Senado presidirá el Congreso cuando se reúnan las dos Cámaras; a falta de éste, el Presidente de la Cámara de Representantes, y en defecto de éstos, los respectivos Vicepresidentes por su orden.

Sección IV. De la formación de las Leyes

Artículo 33. Todo acto legislativo puede tener origen en cualquiera de las dos Cámaras, a propuesta de uno de sus miembros, del Poder Ejecutivo, por medio de alguno de los Secretarios de Estado, o del Procurador general de la Confederación.

Artículo 34. Ningún proyecto podrá ser ley sin haber tenido en cada Cámara tres debates en distintos días, y sin haber sido aprobado por la mayoría absoluta de los miembros presentes en las respectivas sesiones.

Artículo 35. Todo proyecto de acto legislativo necesita, además de la aprobación de las Cámaras, la sanción del Presidente de la Confederación, quien tiene el derecho de devolver el proyecto a cualquiera de las dos Cámaras para que se reconsidere, acompañando las observaciones que motivaren la devolución.

Artículo 36. Si el proyecto hubiere sido devuelto por inconstitucional o por inconveniente en su totalidad, y una de las Cámaras declarare fundadas las observaciones hechas por el Presidente de la Confederación, se archivará, y no podrá tomarse en consideración otra vez en las mismas sesiones.

Si ambas Cámaras declararen infundadas las observaciones, se devolverá el proyecto al Presidente de la Confederación, quien en tal caso no podrá negarle su sanción.

Artículo 37. Si las observaciones del Presidente de la Confederación se contrajeren a alguna o algunas de las disposiciones del proyecto solamente, y ambas Cámaras las declararen fundadas en todo o en parte, se reconsiderará el proyecto, y se harán en las disposiciones a que se han referido las observaciones declaradas fundadas, las modificaciones que se juzguen convenientes.

Si las modificaciones introducidas fueren conformes a lo propuesto por el Presidente de la Confederación, éste no podrá negar su sanción al proyecto; pero si no lo fueren, o se introdujeren disposiciones nuevas, o se suprimiere alguna que no hubiere sido objetada, el Presidente podrá hacer nuevas observaciones al proyecto.

Si una de las Cámaras declara infundadas las observaciones si la otra fundadas, se archivará el proyecto.

En todo caso en que ambas Cámaras declaren infundadas las observaciones, el Presidente de la Confederación tiene el deber de sancionar el proyecto.

Artículo 38. El Presidente de la Confederación tiene el término de seis días para devolver todo proyecto con observaciones, cuando éste no conste de más de cincuenta **Artículo**s; si pasa de este número, el término será de diez días.

Todo proyecto no devuelto dentro del término señalado, deberá ser sancionado; pero si el Congreso se pusiere en receso durante el término concedido al Presidente para devolver el proyecto, tendrá éste la precisa obligación de sancionarlo u objetarlo dentro de los treinta días siguientes al en que el

Congreso se haya puesto en receso, y además, la de publicar por la imprenta el resultado.

Artículo 39. Todo proyecto de acto legislativo que quede pendiente en las sesiones de un año, al discutirse en las siguientes se considerará como proyecto nuevo, sujeto, por consiguiente, a sufrir todos los debates que prescribe esta Constitución.

Artículo 40. Cada Cámara puede insistir hasta por segunda vez en las disposiciones que haya aprobado en el proyecto; pero si después de la segunda insistencia la otra Cámara no conviniere en ellas, quedarán por el mismo hecho suprimidas, y no formarán parte de él.

Si la insistencia se refiere a todo el proyecto, y después de hecha por segunda vez, la otra Cámara no conviniere en él, quedará rechazado y no podrá tomarse en consideración en las sesiones del mismo año.

Esto no impide el que alguna o algunas disposiciones de un proyecto rechazado formen parte de cualquiera otro nuevo que se presente.

Sección V. Del Poder Ejecutivo de la Confederación

Artículo 41. El Poder Ejecutivo de la Confederación será ejercido por un Magistrado que se denominará «Presidente de la Confederación» y que entrará a ejercer sus funciones el día 1.º de abril próximo al de su elección.

Artículo 42. En todo caso de falta absoluta o temporal del Presidente de la Confederación, asumirá este título y ejercerá el Poder Ejecutivo uno de los tres Designados que por mayoría absoluta elegirá cada año el Congreso, designando el orden en que deberán entrar a ejercer sus funciones.

Pero si ninguno de los Designados se hallare en la capital de la Confederación, o no pudiere por cualquiera otra circunstancia encargarse del Poder Ejecutivo, quedará éste accidentalmente a cargo del Procurador general, y en su defecto del Secretario de Estado de mayor edad.

La ley determinará cuándo deba procederse a nueva elección de Presidente, en caso de falta absoluta de éste.

El período de duración de los Designados para ejercer el Poder Ejecutivo, será de un año contado desde el 1.° de abril siguiente a su elección.

Artículo 43. Son atribuciones del Presidente de la Confederación:

1. Dar las disposiciones convenientes para la cumplida ejecución de las leyes;

2. Cuidar de la exacta y fiel recaudación de las rentas y contribuciones nacionales;

3. Negociar y concluirlos tratados y convenios públicos con las Naciones extranjeras, ratificarlos y canjearlos, previa la aprobación del Congreso, y cuidar de su exacta y fiel observancia;

4. Negociar y concluir cualesquiera convenios o contratos públicos, sobre los negocios que son de la competencia del Gobierno de la Confederación, y llevarlos a efecto con la aprobación del Congreso. Esta aprobación será necesaria solamente cuando los convenios o contratos versen sobre servicios extraordinarios, y sus estipulaciones no estuvieren previamente autorizadas por las leyes;

5. Declarar la guerra cuando la haya decretado el Congreso, y dirigir la defensa del país en el caso de una invasión extranjera; pudiendo llamar al servicio activo, en caso necesario, la milicia de los diferentes Estados;

6. Dirigir la guerra como Jefe Superior de los Ejércitos y Marina de la Confederación, sin que pueda mandar personalmente las fuerzas de mar y tierra;

7. Nombrar para todos los empleos públicos de la Confederación las personas que deban servirlos, cuando la Constitución o las leyes no atribuyan el nombramiento a otra autoridad;

8. Remover de sus destinos a los empleados que sean de su libre nombramiento;

9. Presentar al Congreso, en los ocho primeros días de sus sesiones ordinarias, el Presupuesto de rentas y gastos de la Confederación, y la cuenta general del Presupuesto y del Tesoro para su aprobación;

10. Cuidar de que la justicia se administre pronta y cumplidamente, promoviendo, por medio de los que ejerzan el Ministerio Público, el juzgamiento de los delincuentes, y el despacho de los negocios civiles que se ventilen en los Tribunales y Juzgados de la Nación;

11. Impedir cualquiera agresión armada de un Estado de la Confederación contra otro de la misma, o contra una Nación extranjera; haciendo, para ello, uso de la fuerza pública de la Confederación;

12. Cuidar de que el Congreso se reúna el día señalado por la Constitución, dando con oportunidad las disposiciones necesarias para que se presten a los Senadores y Representantes los auxilios que para su marcha haya dispuesto la ley;

13. Conceder amnistías o indultos generales o particulares a los que se hagan responsables de delitos contra el orden público, en el caso previsto en el inciso C del **Artículo** 15;

14. Conceder patentes garantizando por determinado tiempo la propiedad de las producciones literarias de las invenciones útiles aplicables a nuevas operaciones industriales,

o a la perfección de las existentes, a los autores de dichas producciones o invenciones;

15. Nombrar, con previo consentimiento del Senado, los Generales y Coroneles del Ejército y Marina;

16. Conceder cartas de naturalización, con arreglo a la ley;

17. Expedir patentes de navegación;

18. Presentar al Congreso, en los primeros días de sus sesiones ordinarias, un informe escrito, sobre el curso que hayan tenido durante el último período los negocios de la Confederación, y sobre la situación actual, acompañando las Memorias que son de cargo de los Secretarios de Estado;

19. Dar a las Cámaras los informes especiales que soliciten, siempre que ellos no versen sobre las negociaciones diplomáticas que a su juicio requieran reserva;

20. Velar por la conservación del orden general, y cuando ese orden sea turbado, emplear contra los perturbadores la fuerza pública de la Confederación o la de los Estados; y,

21. Desempeñar las demás funciones que le estén atribuidas por esta Constitución y las leyes generales.

Artículo 44. Para el despacho de los negocios de la competencia del Gobierno de la Confederación, puede tener el Presidente hasta tres Secretarios de Estado, nombrados libremente por él. Todos los actos del Presidente, con excepción de los decretos de nombramiento o remoción de los Secretarios de Estado, serán autorizados por uno de dichos Secretarios; y sin este requisito no deben ser obedecidos.

Artículo 45. La ley puede crear los empleados que se juzguen necesarios para que, como Agentes del Gobierno general, ejecuten en los Estados las disposiciones de aquél. Entre tanto, los Jefes Superiores de los Estados, y los respectivos empleados de ellos, deben hacer ejecutar las disposiciones del

Presidente de la Confederación. Igualmente deben hacer ejecutar dichas disposiciones, en todos los casos en que accidentalmente falten los empleados de la Confederación a quienes toque hacerlos.

Artículo 46. El ciudadano que, elegido Presidente de la Confederación llegue a ejercer las funciones de tal, no podrá ser reelegido para el mismo puesto en el período inmediato.

Sección VI. Del Poder Judicial

Artículo 47. El Poder Judicial de la Confederación se ejerce por el Senado, por la Corte Suprema y por los Tribunales y Juzgados que establezca la ley.

Artículo 48. La Corte Suprema se compondrá del número de Magistrados que determine la ley, no debiendo ser menos de tres.

Las alteraciones que en el personal de la Corte Suprema se hagan, no comprenderán a los Magistrados que estén funcionando cuando aquéllas tengan lugar.

Artículo 49. Son atribuciones de la Corte Suprema:

1. Conocer de todos los negocios contenciosos de los Ministros Plenipotenciarios y demás Agentes diplomáticos acreditados cerca del Gobierno de la Confederación, en los casos permitidos por el derecho internacional o previstos por tratados;

2. Conocer de las causas por delitos comunes contra el Presidente de la Confederación y los Secretarios de Estado, previa la suspensión decretada por el Senado, cuando juzgare que hay lugar a formación de causa;

3. Conocer de las causas por delitos comunes contra los Designados para ejercer el Poder Ejecutivo, el Procurador

general de la Confederación y los Magistrados de la misma Corte Suprema;

4. Conocer de las causas de responsabilidad contra los empleados diplomáticos y consulares de la Confederación, por mal desempeño en el ejercicio de sus funciones;

5. Conocer de las causas de responsabilidad contra los Magistrados de los Tribunales de la Confederación, Gobernadores y Magistrados de los Tribunales Superiores de los Estados, por infracción de la Constitución y leyes de la Confederación;

6. Conocer de las causas de responsabilidad contra los Generales en jefe y Comandantes de las fuerzas nacionales, y contra los Jefes Superiores de las Oficinas principales de Hacienda de la Confederación;

7. Decidir las cuestiones que se susciten entre los Estados, o entre uno o algunos Estados y el Gobierno general de la Confederación, sobre competencia de facultades, sobre derechos de propiedad o sobre cualquiera otra causa contenciosa;

8. Conocer de los negocios contenciosos sobre presas marítimas y sobre buques nacionales o extranjeros que hayan contravenido a las disposiciones legales de la Confederación, relativas al comercio exterior, a las formalidades que deben observarse en los puertos nacionales, o en la navegación marítima o de los ríos;

9. Decidir en última instancia de toda controversia que se suscite en un Estado en que se hallen interesados uno o más ciudadanos de diferentes Estados o extranjeros, siempre que cualquiera de las partes quiera intentar aquel recurso de la sentencia pronunciada por el respectivo Tribunal o Juez del Estado;

10. Conocer en última instancia de las controversias sobre expropiaciones que se hagan en los Estados en perjuicio de individuos extranjeros;

11. Conocer de las controversias que se susciten sobre los contratos o convenios que el Gobierno de la Confederación celebre con los Estados, o con los particulares; y en última instancia, de toda cuestión en que deban aplicarse las estipulaciones de los tratados hechos con las Naciones extranjeras;

12. Conocer de las controversias que se susciten relativas a las comunicaciones interoceánicas que haya por el territorio de la Confederación, y a la seguridad del tránsito por ellas;

13. Conocer de todos los negocios contenciosos que se refieran a bienes y rentas de la Confederación;

14. Dirimir las competencias que se susciten entre los Tribunales y Juzgados de diferentes Estados, y las que puedan suscitarse entre los Tribunales y Juzgados de la Confederación y los de uno o más Estados;

15. Nombrar los empleados subalternos de la misma Corte, y removerlos libremente;

16. Dar todos los informes que el Presidente de la Confederación le pida respecto de los negocios de que conoce; y,

17. Finalmente, ejercer las demás funciones que la ley determine respecto de los objetos de la competencia del Gobierno general.

Artículo 50. Corresponde a la Corte Suprema suspender la ejecución de los actos de las Legislaturas de los Estados, en cuanto sean contrarios a la Constitución o a las leyes de la Confederación; dando cuenta de la suspensión al Senado, para que éste decida definitivamente sobre la validez o nulidad de dichos actos.

Artículo 51. La Corte Suprema oirá las consultas que le dirijan los Jueces y Tribunales de la Confederación sobre la inteligencia de las leyes nacionales, y las dirigirá al Congreso expresando su opinión sobre el modo de resolverlas.

Artículo 52. En todos los casos en que esta Constitución da a la Corte Suprema la facultad de conocer de algún negocio, la ley puede deferir el conocimiento de él en 1.ª instancia a los Tribunales o Jueces de Distrito, y a falta de estos a los Tribunales o Jueces de los Estados. En estos casos la última instancia tendrá lugar ante la Corte Suprema.

Artículo 53. El Senado conoce de las causas de responsabilidad contra el Presidente de la Confederación, o el que haga sus veces; y contra los Secretarios de Estado, Procurador general y los Magistrados de la Corte Suprema por mal desempeño en el ejercicio de sus funciones.

Parágrafo. Cuando estas causas se sigan por hechos culpables no definidos en el Código penal, solo podrá suspender o destituir al acusado, comprobado que sea el hecho que induzca la responsabilidad.

Artículo 54. En los casos en que el Senado conoce de causas de responsabilidad, procederá en virtud de acusación intentada por la Cámara de Representantes o por el Procurador general de la Nación.

Sección VII. Del Ministerio público

Artículo 55. El Ministerio público será ejercido por la Cámara de Representantes, por un funcionario denominado «Procurador general de la Nación,» y por los demás funcionarios a quienes la ley atribuya esta facultad.

Capítulo V. De los derechos individuales

Artículo 56. La Confederación reconoce a todos los habitantes y transeúntes:

1. La seguridad individual, que consiste en no ser presos, arrestados ni detenidos sino en virtud de hechos determinados por leyes preexistentes; ni juzgados por Comisiones o Tribunales extraordinarios; ni penados sin ser oídos y vencidos en juicio;

2. La libertad individual, que no reconoce otros límites que la libertad de otro individuo; es decir, la facultad de hacer u omitir todo aquello de cuya ejecución u omisión no resulte daño a otro individuo o a la comunidad, conforme a las leyes;

3. La propiedad; no pudiendo ser privados de ella sino por vía de pena o contribución general con arreglo a las leyes, y cuando así lo exija algún grave motivo de necesidad pública judicialmente declarado, y previa indemnización; En caso de guerra, la indemnización puede no ser previa, y la necesidad de la expropiación puede ser declarada por autoridades que no sean del orden judicial;

Por lo dispuesto en este inciso no se entiende que pueda imponerse la pena de confiscación en caso alguno;

4. La libertad de expresar sus pensamientos por medio de la imprenta, sin responsabilidad de alguna clase;

5. La libertad de viajar en el territorio de la Confederación, y de salir de él, sin necesidad de pasaporte ni permiso de ninguna autoridad, en tiempo de paz, siempre que la autoridad judicial no haya decretado el arraigo del individuo. En tiempo de guerra, el Gobierno podrá exigir el requisito de

un pasaporte a los individuos que viajen por los lugares que sean teatro de operaciones militares;

6. La libertad de ejercer su industria y de trabajar sin usurpar la industria cuya propiedad hayan garantizado temporalmente las leyes a los autores de inventos útiles, ni las que se reserven la Confederación y los Estados como arbitrios rentísticos, ni embarazar las vías de comunicación, ni atacar la salubridad;

7. La libertad de dar o recibirla instrucción que a bien tengan, en los establecimientos que no sean costeados con fondos públicos;

8. La igualdad, en virtud de la cual todos deben ser juzgados con arreglo a las mismas leyes, por los Jueces establecidos por ellas, y no pueden ser sometidos a contribuciones ni a servicios excepcionales que graven a unos y eximan a otros de los que estén en la misma condición;

9. La inmunidad del domicilio, y la inviolabilidad de la correspondencia, de manera que aquel no podrá ser allanado, ni está interceptada o registrada, sino por la autoridad pública, en los casos y con las formalidades prescritas por las leyes;

10. La profesión libre, pública o privada de cualquier religión; pero no será permitido el ejercicio de actos que turben la paz pública, o que sean calificados de punibles por leyes preexistentes;

11. La libertad de asociarse sin armas, con las restricciones que establezcan las leyes; y,

12. El derecho de obtener resolución en las peticiones que por escrito dirijan a las corporaciones, autoridades o funcionarios públicos sobre cualquier asunto de interés general o particular.

Artículo 57. Los granadinos naturales o vecinos de un Estado, gozarán en los otros de los mismos derechos políticos y civiles que los granadinos naturales o vecinos de ellos, bajo las mismas condiciones impuestas a los últimos.

Artículo 58. Los extranjeros que se hallen en el territorio de la Confederación, o que vengan a él, gozarán de los mismos derechos civiles y garantías que los nacionales; debiendo siempre estar sometidos, como ellos, a las leyes y autoridades del país.

Capítulo VI. Elecciones

Artículo 59. Para ser Presidente de la Confederación se necesita ser granadino de nacimiento en ejercicio de los derechos de ciudadano.

Artículo 60. El Presidente de la Confederación será elegido por el voto directo de los ciudadanos de ella; los Senadores y Representantes por el voto directo de los ciudadanos del Estado respectivo; los Magistrados de la Corte Suprema por el Congreso, a propuesta en terna de las Legislaturas de los Estados, y el Procurador general por la Cámara de Representantes.

Artículo 61. No podrán ser elegidos Senadores ni Representantes el Presidente de la Confederación, sus Secretarios de Estado, el Procurador general y los Magistrados de la Corte Suprema.

Tampoco pueden serlo los Gobernadores o Jefes Superiores de los Estados, ni los jefes militares de la Confederación en actual servicio, en aquellos Estados en que unos y otros ejercen sus funciones.

Artículo 62. Los empleados amovibles por el Presidente de la Confederación, cesarán en sus destinos si admitieren el encargo de Senador o Representante.

Capítulo VII. Disposiciones varias

Artículo 63. No se hará del Tesoro nacional ningún gasto para el cual no haya sido aplicada expresamente alguna suma por el Congreso.

Artículo 64. Los sueldos del Presidente de la Confederación, de los Senadores y Representantes, del Procurador general de la Nación y de los Magistrados de la Corte Suprema, no podrán aumentarse ni disminuirse durante el período para el cual hubieren sido electos los que desempeñen dichos destinos en la época en que se haga el aumento o la disminución.

Artículo 65. Es prohibido a todo funcionario o corporación pública el ejercicio de cualquiera función o autoridad que expresamente no se le haya conferido.

Artículo 66. Ninguna ley de la Confederación ni de los Estados podrá dar a los templos y edificios destinados al culto público de cualquiera religión establecida en el país, ni a los ornamentos y vasos sagrados, otra aplicación distinta de la que hoy tienen, ni gravarlos con ninguna especie de contribuciones. Las propiedades y rentas destinadas al sostenimiento del culto, y las que pertenezcan a comunidades o corporaciones religiosas, gozarán de las mismas garantías que las de los particulares, y no podrán ser ocupadas ni gravadas de una manera distinta de las de éstos.

Artículo 67. Los bienes y rentas de los establecimientos públicos de educación, beneficencia y caridad, no podrán ser gravados con contribuciones directas por la Confederación ni por los Estados.

Artículo 68. En el caso de que el Congreso juzgue conveniente designar un Distrito para asiento del Gobierno de la Confederación, se determinarán por una ley los límites de ese Distrito. En él estará la capital de la Confederación, y los habitantes de dicha capital y de todo el territorio comprendido en los límites del Distrito, serán gobernados exclusivamente según las leyes de la Confederación.

Artículo 69. Por una ley pueden ser admitidos a formar parte de la Confederación otros Estados independientes, siempre que así lo soliciten por medio de sus respectivos Gobiernos, y que acepten las disposiciones de la presente Constitución.

Capítulo VIII. Reforma de esta Constitución

Artículo 70. Esta Constitución podrá ser reformada con los requisitos siguientes:

1. Que la reforma sea solicitada por la mayoría de las Legislaturas de los Estados; y,

2. Que la reforma sea discutida y aprobada en cada Cámara con las formalidades establecidas para la expedición de las leyes.

Capítulo IX. Disposiciones transitorias

Artículo 71. Las leyes dispondrán todo lo relativo a la ejecución de la presente Constitución Entre tanto, quedan vigentes las que hoy rigen en la Nueva Granada, en todo lo que no sean contrarias a dicha Constitución.

Artículo 72. El Presidente y Vicepresidente, los Senadores y Representantes, el Procurador general y los Magistrados de la Corte Suprema de la Nueva Granada, continuarán en sus destinos hasta terminar el período para el cual fueron elegidos.

Artículo 73. La Corte Suprema de la Nación continuará conociendo y decidiendo de los negocios cuyo conocimiento le atribuyó la ley de 27 de junio de 1857.

Artículo 74. La presente Constitución comenzará a observarse desde su sanción por los Poderes Legislativo y Ejecutivo; en el Estado de Cundinamarca desde su publicación en la Gaceta Oficial del Gobierno general, y en los demás Estados, quince días después de su recibo en la respectiva capital.

Artículo 75. Quedan derogados la Constitución de 21 de mayo de 1853, el acto adicional de 27 de febrero de 1855, las leyes de 11 de junio de 1856.13 de mayo de 1857, y 15 de junio del mismo año y todos los demás actos, ya sean del Gobierno general o de los Estados, que se opongan a esta Constitución.

Dada en Bogotá, a 22 de mayo de 1858.

El Presidente del Senado, Senador por el Estado de Bolívar, T. C. de Mosquera. El Presidente de la Cámara de Representantes, Representante por el Estado de Cundinamarca, Juan Antonio Marroquín. El Vicepresidente del Senado, Senador por el Estado de Cundinamarca, Francisco Caicedo. El Vicepresidente de la Cámara de Representantes, Representante por el Estado del Cauca, Carlos Holguín. El Senador por el Estado de Antioquía, Gregorio Gutiérrez González. —El

Senador por el Estado de Antioquía, José Joaquín Isaza. El Senador por el Estado de Antioquía, Ricardo Villa. El Representante por el Estado de Antioquía, Elíseo Arbeláez. El Representante por el Estado de Antioquía, Arcesio Escovar. El Representante por el Estado de Antioquía, Remigio Martínez. El Representante por el Estado de Antioquía, José de la Cruz Restrepo. El Representante por el Estado de Antioquía, Julián Vásquez. El Senador por el Estado de Bolívar, Manuel José Anaya. El Senador por el Estado de Bolívar, Federico Brid. El Representante por el Estado de Bolívar, José María Amarís y Pedroso. El Representante por el Estado de Bolívar, Francisco Tomás Fernández. El Representante por el Estado de Bolívar, Enrique Grice. El Representante por el Estado de Bolívar, Joaquín Posada Gutiérrez. El Representante por el Estado de Bolívar, José Martín Tatis. El Senador por el Estado de Boyacá, Antonio María Amézquita. El Senador por el Estado de Boyacá, Pedro Cortez. El Senador por el Estado de Boyacá, Ignacio Vargas. El Representante por el Estado de Boyacá, Indalecio Barreto. El Representante por el Estado de Boyacá, Isidro Barreto. El Representante por el Estado de Boyacá, Antonio Bernal. El Representante por el Estado de Boyacá, Ramón Bohórquez. El Representante por el Estado de Boyacá, Clímaco Gómez. El Representante por el Estado de Boyacá, Ramón Gómez. El Representante por el Estado de Boyacá, José María Malo. El Representante por el Estado de Boyacá, Pioquinto Márquez. El Representante por el Estado de Boyacá, José Segundo Peña. El Senador por el Estado del Cauca, Antonio José Chávez. El Senador por el Estado del Cauca, Carlos Martínez. El Senador por el Estado del Cauca, Miguel Quijano. El Representante por el Estado del Cauca, Ramón Argáez. El Representante por el Estado del Cauca, Manuel María Castro. El Representante por el

Estado del Cauca, Cayetano Delgado. El Representante por el Estado del Cauca, Eustaquio Urrutia. El Representante por el Estado del Cauca, M. Miguel Villota. El Senador por el Estado de Cundinamarca, J. Uldarico. El Senador por el Estado de Cundinamarca, Rufino Vega. El Representante por el Estado de Cundinamarca, Luis Amay. El Representante por el Estado de Cundinamarca, José Joaquín Borda. El Representante por el Estado de Cundinamarca, Emigdio Briceño. El Representante por el Estado de Cundinamarca, Marcelo Buitrago. El Representante por el Estado de Cundinamarca, Miguel Calderón. El Representante por el Estado de Cundinamarca, Néstor Escovar. El Representante por el Estado de Cundinamarca, Cosme Gómez Maz. El Representante por el Estado de Cundinamarca, Pedro Gutiérrez Lee. El Representante por el Estado de Cundinamarca, Mariano G. Manrique. El Representante por el Estado de Cundinamarca, Gregorio Obregón. El Representante por el Estado de Cundinamarca, Joaquín Perdomo Cuenca. El Representante por el Estado de Cundinamarca, Venancio Restrepo. El Senador por el Estado del Magdalena, Manuel Murillo. El Senador por el Estado del Magdalena, José María L. Herrera. El Senador por el Estado del Magdalena, M. A. Vengoechea. El Representante por el Estado del Magdalena, Pedro A. Lara. El Representante por el Estado del Magdalena, M. Maya. El Senador por el Estado de Panamá, Antonio Amador. El Senador por el Estado de Panamá, Dionisio Facio. El Senador por el Estado de Panamá, Ildefonso Monteza. El Representante por el Estado de Panamá, Manuel Amador Guerrero. El Representante por el Estado de Panamá, Gil Colunje. El Representante por el Estado de Panamá, Demetrio Porras. El Senador por el Estado de Santander, Eustorgio Salgar. El Senador por el Estado de Santander,

Francisco J. Zaldúa. El Representante por el Estado de Santander, Narciso Cadena. El Representante por el Estado de Santander, Eduardo Gálviz. El Representante por el Estado de Santander, Cupertino Rueda. El Representante por el Estado de Santander, Antonio Vargas Vega. El Representante por el Estado de Santander, Germán Vargas. El Representante por el Estado de Santander, José María Villamizar G. El Secretario del Senado, M. M. Medina. El Secretario de la Cámara de Representantes, Z. Silvestre.

Bogotá, 22 de mayo de 1858.
Ejecútese.
El Presidente de la República, (L. S.) Mariano Ospina. El Secretario de Gobierno y de Guerra, Manuel A. Sanclemente. El Secretario de Relaciones Exteriores, J. A. Pardo. El Secretario de Hacienda, Ignacio Gutiérrez.

Libros a la carta

A la carta es un servicio especializado para
empresas,
librerías,
bibliotecas,
editoriales
y centros de enseñanza;
y permite confeccionar libros que, por su formato y concepción, sirven a los propósitos más específicos de estas instituciones.

Las empresas nos encargan ediciones personalizadas para marketing editorial o para regalos institucionales. Y los interesados solicitan, a título personal, ediciones antiguas, o no disponibles en el mercado; y las acompañan con notas y comentarios críticos.

Las ediciones tienen como apoyo un libro de estilo con todo tipo de referencias sobre los criterios de tratamiento tipográfico aplicados a nuestros libros que puede ser consultado en Linkgua-ediciones.com.

Linkgua edita por encargo diferentes versiones de una misma obra con distintos tratamientos ortotipográficos (actualizaciones de carácter divulgativo de un clásico, o versiones estrictamente fieles a la edición original de referencia).

Este servicio de ediciones a la carta le permitirá, si usted se dedica a la enseñanza, tener una forma de hacer pública su interpretación de un texto y, sobre una versión digitalizada «base», usted podrá introducir interpretaciones del texto fuente. Es un tópico que los profesores denuncien en clase los desmanes de una edición, o vayan comentando errores de interpretación de un texto y esta es una solución útil a esa necesidad del mundo académico.

Asimismo publicamos de manera sistemática, en un mismo catálogo, tesis doctorales y actas de congresos académicos, que son distribuidas a través de nuestra Web.

El servicio de «libros a la carta» funciona de dos formas.

1. Tenemos un fondo de libros digitalizados que usted puede personalizar en tiradas de al menos cinco ejemplares. Estas personalizaciones pueden ser de todo tipo: añadir notas de clase para uso de un grupo de estudiantes, introducir logos corporativos para uso con fines de marketing empresarial, etc. etc.

2. Buscamos libros descatalogados de otras editoriales y los reeditamos en tiradas cortas a petición de un cliente.